MARCO SEIFRIED

20 MINUTEN OFENGERICHTE

vegetarisch

FOTOGRAFIE: JULIA HOERSCH

INHALT

Öffnen Sie die Klappen dieses Buches.
Dort finden Sie die wichtigsten Infos zum Thema auf einen Blick!

DAS PRINZIP:
20 MINUTEN
OFENGERICHTE,
VEGGIE

DIE PERFEKTE
KOMBI

Immer griffbereit:

SO GEHT'S:
GAREN IM OFEN

Immer griffbereit:

SO GEHT'S:
BLITZ-BEILAGEN-
SALATE

GU
CLOU

Wussten Sie schon, dass …?
Entdecken Sie bei einigen ausgewählten Rezepten ganz besondere Tipps mit verblüffendem Insiderwissen. Aha-Momente garantiert!

Mit diesem Symbol sind alle veganen Gerichte gekennzeichnet.

Die Backzeiten können je nach Herd variieren. Unsere Temperaturangaben beziehen sich auf das Backen im Elektroherd mit Ober- und Unterhitze.

REZEPTKAPITEL

MARCO SEIFRIED

Ofengerichte sind einfach unschlagbar gut. Und wenn sie nach maximal 20 Minuten Vorbereitung im Ofen bruzzeln, können sich hungrige Genießerinnen und Genießer schon mal freuen. Außerdem ist alles veggie – das macht es unkomplizierter.

Warum bin ich Fan dieser Ofengerichte?

Schnell und vegetarisch, das passt wunderbar zusammen. Und ein Backofen ist äußerst praktisch. Ist die Ofentür erst einmal zu, sind die Vorbereitungen so gut wie erledigt und nach höchstens 30 Minuten Backzeit steht etwas Warmes auf dem Tisch. Und weil die Rezepte nicht nur was für kühle Tage sind, gibt es Ideen für jede Jahreszeit – mit möglichst saisonalen Zutaten. Damit es wirklich schnell geht, helfen vorgefertigte Produkte wie TK-Gemüse und -Obst, frische Pasta, gekühlte Teige oder haltbare Lebensmittel.

Was ist wichtig bei der Zubereitung?

Stellen Sie alle Zutaten bereit, bevor es losgeht, denn so geht die Arbeit flotter von der Hand. Beim Schneiden möglichst an die angegebenen Größen halten, damit die Garzeiten stimmen. Knoblauchpresse, Pürierstab, Gemüsehobel, Haushaltsreibe und Eisportionierer helfen beim schnellen Zerkleinern, Pürieren, Schneiden, Raspeln oder Portionieren. TK-Gemüse und -Obst wie im Rezept beschrieben vorher an- oder auftauen lassen, damit sich der Backvorgang nicht verlängert. Und wenn der Ofen gut vorgeheizt ist, klappt das Timing bestimmt.

Ist Käse eigentlich immer vegetarisch?

Nicht jedes Ofengericht braucht Käse, aber er kann für den besonderen Pfiff sorgen. Für strenge Vegetarier darf Käse kein tierisches Lab enthalten. Dann muss man nach Alternativen mit mikrobiellem Lab suchen. Da die verschiedenen Dicklegungsmittel für Käse aber nicht als Lebensmittelzusatzstoff, sondern als Produktions-Hilfsstoff eingestuft werden, müssen sie nicht auf der Packung stehen. Aber immer häufiger sind Käsepackungen mit dem verlässlichen Label »vegetarisch« gekennzeichnet. Sonst fragt man am besten beim Hersteller und an der Käsetheke nach.

BLITZREZEPT: TOMATE-MOZZARELLA-BAGUETTE

3 Stängel Basilikum

Salz

Pfeffer

100 g Mini-Mozzarellakugeln

100 g Kirschtomaten

8 TL Basilikumpesto (aus dem Glas; vegetarisch oder vegan)

2 Baguettebrötchen (à ca. 100 g)

Den Backofen auf 200° vorheizen. Baguettebrötchen quer durchschneiden, die Schnittflächen mit je 2 TL Pesto bestreichen. Tomaten waschen, trocknen und halbieren. Mini-Mozzarellakugeln abtropfen und in dicke Scheiben schneiden, vierteln oder halbieren. Tomaten auf den Baguettes verteilen, salzen und pfeffern. Mit Mozzarella belegen. Im Ofen (Mitte) 12–15 Min. backen. Basilikum waschen, trocken schütteln, Blätter abzupfen und aufstreuen.

FRÜHLINGSREZEPTE

Für 4 Stücke • 20 Min. Zubereitung • 25 Min. Backen • Pro Stück ca. 515 kcal, 14 g E, 37 g F, 30 g KH

FRÜHLINGSTARTE MIT EIERN

FÜR GÄSTE

1 Packung frischer Blätterteig (ca. 280 g; ca. 24 × 40 cm; Kühlregal)
320 g kleine junge Möhren (z. B. bunte)
Salz
150 g Thai-Frühlingszwiebeln (ersatzweise dünne Frühlingszwiebeln)
150 g Crème fraîche
2 Eigelb
Pfeffer
4 zimmerwarme Eier (S; ersatzweise Wachteleier)
25 g Erbsensprossen (nach Belieben)
6 kleine, dünne Rote-Bete-Scheiben (nach Belieben)

AUSSERDEM
Backblech

1 Den Backofen auf 180° vorheizen. Den Teig aus der Packung nehmen, auf ein mit Backpapier belegtes Backblech legen und auf Blechgröße ausrollen. Den Teig mehrmals mit einer Gabel einstechen. Möhren waschen oder schälen, längs halbieren und je nach Länge auf ca. 13 cm kürzen. Dabei etwas Grün stehen lassen. Dicke Möhren längs vierteln oder sechsteln.

2 Die Möhren in kochendem Salzwasser 2–3 Min. vorgaren. Frühlingszwiebeln waschen, abtropfen lassen, putzen und auf ca. 13 cm kürzen. Crème fraîche und 1 Eigelb verrühren, kräftig mit Salz und Pfeffer würzen. Die Crème fraîche auf dem Teig verstreichen. Möhren und Frühlingszwiebeln auf den Teig legen. Das übrige Eigelb mit 1 EL Wasser verrühren und den Teigrand damit bestreichen. Die Tarte im Ofen (Mitte) 10–15 Min. vorbacken.

3 Die heiße Tarte aus dem Ofen nehmen. Die Eier einzeln aufschlagen und nacheinander auf die Tarte gleiten lassen, evtl. vorher mit einem Esslöffel kleine Mulden eindrücken. Die Tarte im Ofen noch ca. 10 Min. weiterbacken. Herausnehmen und in Stücke schneiden, nach Belieben mit Erbsensprossen und Rote-Bete-Scheiben dekorieren.

KARTOFFEL-SCHMARREN MIT GEMÜSE

GÜNSTIG

40 g TK-Erbsen
150 g gegarte festkochende Pellkartoffeln
2 Eier (M)
90 g Mehl (Type 550)
160 ml Milch
Salz, Pfeffer
1 Frühlingszwiebel
1 Möhre (ca. 60 g)
6 Radieschen mit Grün
3 EL Meerrettich-Frischkäse

AUSSERDEM
Backblech
1 EL Rapsöl für das Blech

GUT ZU WISSEN
Wenn die Radieschenblätter schön frisch und grün sind, kann man sie wie Kräuter einsetzen oder für Salate verwenden. Dafür immer junge und besonders knackige Blätter auswählen.

1 Den Backofen auf 180° vorheizen. Die Erbsen etwas antauen lassen. Die Kartoffeln pellen und mit einer Gabel in einer Schüssel sehr fein zerdrücken. Die Eier trennen, die Eigelbe, das Mehl sowie die Milch zu den Kartoffeln geben und alles gut verrühren. Mit Salz und Pfeffer würzen.

2 Die Frühlingszwiebel waschen, putzen und in Ringe schneiden. Die Möhre schälen, waschen und grob raspeln. Die Eiweiße mit 1 Prise Salz steif schlagen und den Eischnee unter die Kartoffelmasse heben. Frühlingszwiebel, Möhrenraspel und Erbsen ebenso vorsichtig unterheben. Die Masse auf einem mit Backpapier ausgelegten und mit dem Rapsöl bestrichenen Backblech rechteckig (ca. 25 × 30 cm) verstreichen. Im Ofen (Mitte) ca. 20 Min. backen.

3 Den Schmarren nach etwa der Hälfte der Backzeit aus dem Ofen nehmen, mit zwei Gabeln zerzupfen, wieder in den Ofen geben und zu Ende backen.

4 Inzwischen die Radieschen putzen, waschen und in Scheiben schneiden. Evtl. 3–4 frische Radieschenblätter beiseitelegen und grob hacken. Den Frischkäse mit etwas Wasser zu einem cremigen Dip rühren und mit Salz und Pfeffer abschmecken. Den Kartoffel-Schmarren mit Radieschenscheiben, gehackten Blättern und dem Dip anrichten.

Für 2 Personen • 20 Min. Zubereitung • 30 Min. Backen • Pro Portion ca. 295 kcal, 11 g E, 16 g F, 24 g KH

KOHLRABI-MÖHREN-CURRY

ASIEN TRIFFT FRÜHLINGSGEMÜSE

80 g TK-Erbsen
200 g Möhren
1 Kohlrabi (ca. 340 g)
250 g grüner Spargel
1 rote Zwiebel (ca. 100 g)
3 EL Rapsöl
1 TL Gemüsebrühe (instant)
200 g Kokosmilch
ca. 2 TL Thai-Currypaste
Salz, Pfeffer
2 EL Korianderblättchen

AUSSERDEM
Auflaufform (ca. 29 × 30 cm)

1 Den Backofen auf 180° vorheizen. Die Erbsen antauen lassen. Möhren und Kohlrabi schälen, waschen und klein würfeln (ca. 1 cm). Den Spargel waschen und die holzigen Enden abschneiden. Die Stangen im unteren Drittel schälen und in Stücke (ca. 2 cm) schneiden. Die Zwiebel schälen und in Streifen schneiden.

2 Möhren, Kohlrabi, Spargel und Zwiebel mit dem Öl vermischen. In einer Auflaufform verteilen und im Ofen (Mitte) ca. 30 Min. backen.

3 Ca. 300 ml Wasser aufkochen und die Brühe einrühren. 40 g Erbsen in der Brühe fein pürieren. Kokosmilch und Currypaste unterrühren. Die Mischung mit Salz und Pfeffer kräftig würzen.

4 Nach etwa der Hälfte der Backzeit die Form kurz aus dem Ofen nehmen. Das Gemüse mit der Kokosmilchmischung sowie den übrigen Erbsen (40 g) verrühren. Die Form wieder in den Ofen stellen und das Curry zu Ende backen. Kohlrabi-Möhren-Curry mit Salz und Pfeffer abschmecken und in Schälchen anrichten. Mit den Korianderblättchen garnieren.

GU **CLOU**

Ein Teil der Erbsen wird in der heißen Gemüsebrühe sehr fein püriert und gibt der Sauce neben einer leichten Bindung, einen süßlichen Geschmack und zudem eine appetitliche Farbe.

Für 2 Personen • 20 Min. Zubereitung • 20 Min. Backen • Pro Portion ca. 510 kcal, 15 g E, 32 g F, 37 g KH

OFEN-FALAFELN MIT SALAT

ORIENTALISCHER GENUSS

1 Dose Kichererbsen (ca. 240 g Abtropfgewicht)
1 Knoblauchzehe
1 rote Zwiebel (ca. 60 g)
1 Ei (M)
1 TL gemahlener Kreuzkümmel
1 TL mildes Currypulver
5 EL Olivenöl
3 TL Zitronensaft
25 g Kichererbsenmehl (geröstet)
Salz, Pfeffer
150 g Bio-Salatgurke
2 Tomaten
Backblech

1 Den Backofen auf 200° vorheizen. Ein Backblech mit Backpapier auslegen. Kichererbsen in ein Sieb abgießen, mit kaltem Wasser abspülen und gut abtropfen. Knoblauch schälen, durch eine Knoblauchpresse drücken. Zwiebel schälen, fein würfeln.

2 Knoblauch, drei Viertel der Zwiebel, Kichererbsen, Ei, Kreuzkümmel, Curry, 1 EL Öl und 1 TL Zitronensaft nicht zu fein pürieren. Das Kichererbsenmehl mit einem Schneebesen unterrühren. Salzen und pfeffern. Mit einem Eisportionierer 12–14 Kugeln oder Nocken formen und auf dem Blech verteilen. Falafeln mit 3 EL Öl beträufeln und im Ofen (Mitte) ca. 20 Min. backen. Nach ca. 10 Min. vorsichtig wenden.

3 Gurke waschen, putzen, längs vierteln und in Stücke schneiden. Tomaten waschen und ohne Stielansatz in Stücke schneiden. Beides mit übrigem Öl (1 EL), restlichem Zitronensaft (2 TL) und restlichen Zwiebelwürfeln mischen. Salzen und pfeffern. Dazu passt Fladenbrot.

Für 2 Personen • 20 Min. Zubereitung • 30 Min. Backen • Pro Portion ca. 440 kcal, 9 g E, 36 g F, 16 g KH

SPARGEL MIT RADIESCHENSAUCE

RAFFINIERT KOMBINIERT

1 Bio-Zitrone
800 g geschälter weißer Spargel (ersatzweise aufgetauter TK-Spargel)
160 ml heiße Gemüsebrühe
1 TL Zucker
7 EL Rapsöl
1 Bund Radieschen (mit Grün)
1 Schalotte (ca. 50 g)
3 EL Apfelessig
1 TL mittelscharfer Senf
1 TL Honig
Salz, Pfeffer
½ Kästchen rote Rettichkresse
Fettpfanne des Backofens

1 Backofen auf 180° vorheizen. Zitrone heiß waschen, abtrocknen und in Scheiben schneiden. Spargel dicht an dicht in die gefettete Fettpfanne legen. Mit Zitronenscheiben belegen. Brühe, Zucker und 2 EL Öl verrühren und darübergießen. Spargel mit Backpapier bedecken und im Ofen (Mitte) in 25–30 Min. bissfest garen.

2 Die Radieschen waschen, einige zarte Blätter abzupfen und fein hacken. Radieschen putzen und würfeln. Die Schalotte schälen und in Würfel schneiden. Den Essig mit Senf und Honig verrühren. Mit Salz und Pfeffer würzen. Das übrige Öl (5 EL) unterschlagen. Radieschen, Schalotte und gehackte Blätter untermischen.

3 Den Spargel herausnehmen und auf einer großen Platte oder zwei Tellern verteilen. Die Zitronenscheiben entfernen. Die Kresse abschneiden. Den Spargel mit der Radieschensauce und Kresse anrichten. Dazu passt Baguette.

Für 2 Personen • 20 Min. Zubereitung • 25 Min. Backen • Pro Portion ca. 645 kcal, 33 g E, 34 g F, 54 g KH

SPITZKOHL-SAHNE-COUSCOUS

GEHT GANZ EINFACH

400 g Spitzkohl
Salz
1 Möhre (ca. 125 g)
180 g Sahne
1 TL Gemüsebrühe (instant)
100 g Couscous
Pfeffer
2 Frühlingszwiebeln
125 g Mozzarella
2 Eier (M)
2 TL mildes Currypulver
1 EL TK-gehackte-Kräuter

AUSSERDEM
Auflaufform (ca. 18 × 26 cm)

GUT ZU WISSEN
Couscous sieht leicht gelblich aus und wird traditionell aus vorgegartem und getrocknetem Hartweizen zu grobem Grieß verarbeitet. Manchmal gibt es auch Couscous aus anderem Getreide wie Gerste oder Dinkel.

1 Den Backofen auf 180° vorheizen. Den Spitzkohl waschen, putzen und in Stücke (ca. 2 × 2 cm) schneiden. In einem Topf ca. 1 l Salzwasser aufkochen. Den Spitzkohl hineingeben und 1–2 Min. blanchieren. Dann in ein Sieb abgießen, kalt abschrecken und sehr gut abtropfen lassen. Das Kochwasser dabei auffangen.

2 Die Möhre schälen, waschen und grob raspeln. Möhrenraspel, 150 ml Kochwasser, 80 g Sahne und die Brühe aufkochen. Den heißen Möhren-Mix mit dem Couscous in einer Auflaufform vermischen. Mit Salz und Pfeffer würzen.

3 Die Frühlingszwiebeln waschen, putzen und in feine Ringe schneiden. Einige Frühlingszwiebelringe zum Garnieren beiseitelegen. Den Mozzarella in dünne Scheiben schneiden. Die übrige Sahne (100 g), Frühlingszwiebelringe, Eier, Currypulver, Kräuter, Salz und Pfeffer zu einem Guss verquirlen. Den Spitzkohl mit dem Guss mischen und auf dem Couscous verteilen. Mit den Mozzarellascheiben belegen. Alles im Ofen (Mitte) 20–25 Min. backen. Herausnehmen und mit den beiseitegelegten Frühlingszwiebelringen garnieren.

Für 2 Personen • 20 Min. Zubereitung • 15 Min. Backen • Pro Portion ca. 425 kcal, 9 g E, 27 g F, 31 g KH

ASIA-NUDELSALAT

MACHT SCHÖN SATT

1 Zucchino (ca. 200 g)
1 dicke Möhre (ca. 160 g)
100 g Zuckerschoten
2 Frühlingszwiebeln
1 Knoblauchzehe
4 EL Sesamöl
10 g Ingwer
3 EL helle Sojasauce
130 g gegarte weiße Reisbandnudeln (Kochzeit ca. 3 Min.)
Salz, Pfeffer
25 g geröstete, gesalzene Erdnusskerne
2 EL Korianderblättchen
Backblech

1 Den Backofen auf 180° vorheizen. Den Zucchino waschen, putzen und mit einem Spiralschneider längs in Streifen hobeln, diese etwas kürzen. Die Möhre schälen, waschen und putzen. Die Möhre mit einem Spiralschneider in feine Streifen hobeln, diese etwas kürzen. Die Zuckerschoten waschen, putzen und längs in Streifen schneiden. Frühlingszwiebeln waschen, putzen und in längliche Streifen schneiden.

2 Den Knoblauch schälen und mit einer Knoblauchpresse direkt in das Öl drücken. Zucchini, Möhren, Zuckerschoten, Frühlingszwiebeln mit dem Knoblauchöl mischen. Das Ganze auf einem mit Backpapier belegten Backblech verteilen und im Ofen (Mitte) 10–15 Min. garen.

3 Ingwer schälen, sehr fein hacken und mit der Sojasauce verrühren. Die Nudeln klein schneiden. Nudeln, Gemüse-Mix vom Blech und Sojasauce mischen. Mit Salz und Pfeffer abschmecken. Den Salat anrichten und mit Erdnüssen und Korianderblättchen garnieren.

Für 2 Personen • 15 Min. Zubereitung • 30 Min. Backen • Pro Portion ca. 655 kcal, 7 g E, 32 g F, 83 g KH

RHABARBER-CRUMBLE

KLASSIKER

300 g Rhabarber (möglichst rotstielig)
60 g Erdbeerkonfitüre
½ TL abgeriebene Bio-Zitronenschale
60 g kalte Butter
100 g Mehl (Type 550)
40 g Zucker
1 Päckchen Bourbon-Vanillezucker
Salz
1 TL Puderzucker
2 Auflaufförmchen (à 14–15 cm ∅)
Butter für die Förmchen

1 Den Backofen auf 180° vorheizen. Den Rhabarber waschen und holzige Enden abschneiden. Wenn sich dabei Fäden lösen, diese der ganzen Länge nach abziehen. Die Stangen in 1,5–2 cm lange Stücke schneiden und diese mit der Erdbeerkonfitüre und der Bio-Zitronenschale in einer Schüssel vermischen.

2 Die Butter in Würfel schneiden. Mehl, Zucker, Vanillezucker und 1 Prise Salz in eine Rührschüssel geben und mit einem Schneebesen vermischen. Butterwürfel zugeben und alles mit den Händen zu Streuseln verkneten.

3 Die Auflaufförmchen mit Butter einfetten und die Rhabarber-Konfitüre-Mischung darin verteilen. Jeweils die Hälfte der Streusel aufstreuen und die Crumbles im Ofen (Mitte) 25–30 Min. backen. Herausnehmen und lauwarm oder kalt servieren. Davor mit Puderzucker bestäuben.

SOMMERLIEBLINGE

Für 2 Personen • 20 Min. Zubereitung • 30 Min. Backen • Pro Portion ca. 715 kcal, 16 g E, 48 g F, 50 g KH

MANGOLD-BULGUR

MEDITERRANER GENUSS

1 Knoblauchzehe
5 EL Olivenöl
325 g Mangold (Stielmangold)
1 Schalotte (ca. 70 g)
40 g schwarze Oliven (entsteint, z. B. Kalamata)
50 g getrocknete Tomaten (in Öl)
120 g Bulgur
40 g Tomatenmark
Salz, Pfeffer
150 g vegane Joghurtalternative
1 EL grob gehackte Petersilie
Auflaufform (ca. 18 × 30 cm)

1 Backofen auf 180° vorheizen. Knoblauch schälen und durch eine Knoblauchpresse ins Öl drücken. Mangold waschen, abtropfen und putzen. Die Blätter in Streifen schneiden, die Streifen grob durchhacken. Die Stiele würfeln (ca. 1 cm). Gesamten Mangold mit dem Knoblauchöl mischen. Schalotte schälen und würfeln, Oliven in Ringe schneiden, Tomaten abtropfen und in Streifen schneiden.

2 Bulgur, Schalotte, Tomaten, Tomatenmark und ca. 320 ml Wasser in einer Auflaufform mischen. Mangold gleichmäßig darauf verteilen, mit Backpapier zudecken und im Ofen (Mitte) 25–30 Min. backen.

3 Nach der Hälfte der Backzeit Bulgur und Mangold durchrühren. Dabei die Hälfte der Oliven, Salz und Pfeffer unterrühren. Alles wieder mit Backpapier zudecken und zu Ende backen. Die Joghurtalternative mit Salz und Pfeffer würzen. Den Mangold-Bulgur mit dem Dip anrichten, mit der Petersilie und den übrigen Olivenringen garnieren.

Für 2 Personen • 20 Min. Zubereitung • 30 Min. Backen • Pro Portion ca. 570 kcal, 26 g E, 44 g F, 18 g KH

GEFÜLLTE ZUCCHINI

HERZHAFT

2 Knoblauchzehen
1 Dose stückige Tomaten (400 g)
2 TL getrockneter Oregano
2 EL Olivenöl
Salz, Pfeffer
2 Zucchini (à ca. 250 g)
100 g weiße Champignons
50 g getrocknete Tomaten (in Öl)
180 g Schafskäse (z. B. Feta)
6 TL grünes vegetarisches Pesto (aus dem Glas)
Auflaufform (ca. 20 × 32 cm)

1 Den Backofen auf 180° vorheizen. Den Knoblauch schälen und durch eine Knoblauchpresse drücken. Die Hälfte des Knoblauchs, die stückigen Tomaten, 1 TL Oregano und 1 EL Öl vermischen. Mit Salz und Pfeffer würzen. Tomatenmischung in einer Auflaufform verteilen.

2 Zucchini waschen, trocken tupfen, längs halbieren und mit einem Teelöffel aushöhlen. Das ausgehöhlte Innere grob hacken. Pilze putzen und grob hacken. Getrocknete Tomaten abtropfen lassen und klein schneiden. Schafskäse würfeln. Käsewürfel, gehackte Zucchini, Pilze, übrigen Knoblauch, getrocknete Tomaten, übrigen Oregano (1 TL) und übriges Öl (1 EL) mischen. Mit Salz und Pfeffer würzen.

3 Die Zucchinihälften nebeneinander in die Auflaufform legen. Mit Salz und Pfeffer würzen und die Pilz-Käse-Masse darin verteilen. Zucchini im Ofen (Mitte) 20–30 Min. backen. Herausnehmen, jeweils mit 1 TL Pesto beträufeln und servieren. Dazu passt Baguette.

Für 4 Stück • 20 Min. Zubereitung • 25 Min. Backen • Pro Stück ca. 390 kcal, 10 g E, 15 g F, 52 g KH

GEMÜSE-PIDE

GELINGT GANZ LEICHT

1 Packung frischer veganer Blech-Pizzateig (400 g; ca. 24 × 36 cm; Kühlregal)
1 gelbe Paprika (ca. 200 g)
1 rote Zwiebel (ca. 100 g)
50 g schwarze Oliven (entsteint, z. B. Kalamata)
100 g Kirschtomaten
2 Knoblauchzehen
2 EL Olivenöl
Salz, Pfeffer
60 g mildes Ajvar (Paprika-Auberginen-Paste im Glas; vegan)
1 TL Tomatenmark
1–2 TL Apfelessig
2 Stängel Petersilie

AUSSERDEM
Backblech

1 Den Backofen auf 180° vorheizen. Den Teig auf einem mit Backpapier belegten Backblech entrollen und in 4 Stücke (ca. 12 × 18 cm) schneiden. Die Teigstücke durch Aufrollen der Ränder zu ovalen Schiffchen formen. Evtl. etwas länger ziehen.

2 Paprika waschen, längs halbieren, Trennwände und Kerne entfernen und die Hälften in Würfel schneiden. Zwiebel schälen, vierteln und in Streifen schneiden. Oliven in Ringe schneiden. Tomaten waschen, trocken tupfen und halbieren. Knoblauch schälen und durch eine Knoblauchpresse drücken. Den Knoblauch mit dem Olivenöl verrühren.

3 Knoblauchöl mit Paprika, Zwiebel, Oliven und Tomaten vermischen. Mit Salz und Pfeffer würzen. Das Ajvar mit dem Tomatenmark verrühren und mit Salz und Pfeffer abschmecken. Den Boden der Teig-Schiffchen mit Ajvarmischung bestreichen. Dann etwas Gemüse-Mix darauf verteilen. Den übrigen Gemüse-Mix mit dem Apfelessig mischen und als Salat dazu reichen.

4 Die Pide im Ofen (Mitte) 20–25 Min. backen. Die Petersilie waschen, trocken schütteln und hacken. Pide mit Petersilie bestreuen.

GU CLOU

Nur einmal schnippeln, dafür zweimal genießen: Die knackige Gemüse-Zwiebel-Mischung schmeckt sowohl warm aus dem Backofen auf den Gemüse-Pide als auch mit Apfelessig vermischt als eine frische Salatbeilage.

Für 2 Personen • 20 Min. Zubereitung • 30 Min. Backen • Pro Portion ca. 535 kcal, 11 g E, 31 g F, 51 g KH

RATATOUILLE MIT POTATOES

FRANZÖSISCH INSPIRIERT

2 Knoblauchzehen
5 EL Olivenöl
450 g festkochende Kartoffeln
1 rote Zwiebel (ca. 90 g)
1 Zucchino (ca. 220 g)
1 Aubergine (ca. 250 g)
1 rote Spitzpaprika (ca. 120 g)
300 g Tomaten
je 20 g schwarze und grüne Oliven (entsteint)
2 TL Tomatenmark
1–2 TL getrocknete Kräuter der Provence
Salz, Pfeffer

AUSSERDEM
Backblech
Auflaufform (ca. 20 × 29 cm)

GUT ZU WISSEN
Ratatouille ist ein südfranzösisches Nationalgericht aus geschmortem Gemüse und Kräutern der Provence. Eine Besonderheit ist, dass es sowohl warm als auch kalt gegessen werden kann.

1 Den Backofen auf 180° vorheizen. Den Knoblauch schälen und durch eine Knoblauchpresse direkt in das Öl drücken. Die Kartoffeln gut waschen oder schälen und in Spalten schneiden. Die Kartoffelspalten mit der Hälfte des Knoblauchöls vermischen und auf einer Hälfte eines mit Backpapier belegten Backblechs verteilen.

2 Die Zwiebel schälen und in Spalten schneiden. Zucchino, Aubergine und Paprika waschen, putzen und in ca. 1,5 cm große Würfel schneiden. Die Gemüsewürfel mit Zwiebel, 2 EL Wasser sowie übrigem Knoblauchöl mischen und in einer Auflaufform verteilen. Die Form neben die Kartoffeln auf die andere Seite des Blechs stellen. Alles im Ofen (Mitte) 25–30 Min. backen.

3 Inzwischen die Tomaten waschen, trocken tupfen und ohne die Stielansätze würfeln. Die Oliven in dünne Ringe schneiden. Einige grüne Olivenringe zum Garnieren beiseitelegen. Tomaten, übrige Olivenringe, Tomatenmark, Kräuter, Salz und Pfeffer mischen.

4 Diese Tomatenmischung nach etwa der Hälfte der Backzeit mit der Gemüse-Zwiebel-Mischung verrühren. Alles zu Ende garen. Die Kartoffeln salzen, die Ratatouille abschmecken und beides zusammen anrichten. Mit den beiseitegelegten grünen Olivenringen garnieren.

Für 2 Personen • 20 Min. Zubereitung • 20 Min. Backen • Pro Portion ca. 675 kcal, 26 g E, 31 g F, 69 g KH

GEBACKENE TORTELLINI

EINFACH

180 g Bimi-Brokkoli (Wildbrokkoli)
80 g braune Champignons
120 g Kirschtomaten
120 g Sahne-Schmelzkäse mit Kräutern
100 g Sahne
1 TL Gemüsebrühe (instant)
2 gestrichene TL Mehl (Type 550)
Salz, Pfeffer
350 g vegetarische Tortellini (aus dem Kühlregal)
4 TL grünes vegetarisches Pesto (aus dem Glas)
Auflaufform (ca. 20 × 30 cm)

1 Backofen auf 180° vorheizen. Bimi-Brokkoli waschen, abtropfen lassen und die Stielenden knapp abschneiden. Bimi in grobe Stücke schneiden, dicke Stiele längs halbieren. Pilze putzen und in Scheiben schneiden, Tomaten waschen, trocken tupfen und halbieren.

2 In einem Topf Schmelzkäse, Sahne, Gemüsebrühe und ca. 200 ml Wasser aufkochen lassen. Das Mehl und 3–4 EL Wasser mit einem Schneebesen verrühren. Mehlmischung unter die Schmelzkäsemischung rühren und unter Rühren aufkochen lassen. Mit Salz und Pfeffer abschmecken.

3 Die Tortellini in einer Auflaufform verteilen. Bimi, Pilze und Tomaten dazugeben. Alles mit Käse-Sahne-Sauce durchrühren, mit Salz und Pfeffer würzen. Alles im Ofen (Mitte) ca. 20 Min. backen. Nach der Hälfte der Zeit einmal kurz durchrühren und zu Ende backen. Das Pesto zum Servieren in Klecksen aufträufeln.

Für 2 Personen • 20 Min. Zubereitung • 30 Min. Backen • Pro Portion ca. 705 kcal, 23 g E, 41 g F, 61 g KH

BLITZ-LASAGNE MIT SPINAT

AUS ITALIEN

2 Knoblauchzehen
2 EL Olivenöl
3 Stängel Basilikum
350 g passierte Tomaten (aus dem Glas)
2 TL getrockneter Oregano
Salz, Pfeffer
1 Tomate (ca. 120 g)
100 g Crème fraiche
1 TL Mehl
225 g aufgetauter TK-Blattspinat (grob gehackt)
125 g Mozzarella
6 Lasagneblätter ohne Vorkochen (à ca. 18 g)
Auflaufform (ca. 22 × 22 cm)

1 Backofen auf 180° vorheizen. Knoblauch schälen, durch eine Presse drücken und mit dem Öl mischen. Basilikum waschen, trocken tupfen, Blätter abzupfen. Zwei Drittel des Basilikums mit der Hälfte des Knoblauchöls, den passierten Tomaten und Oregano verrühren, salzen und pfeffern. Tomate waschen und ohne Stielansatz würfeln.

2 Crème fraîche mit Mehl und ca. 3 EL kaltem Wasser verrühren. Mit Salz und Pfeffer würzen. Spinat mit restlichem Knoblauchöl, Salz und Pfeffer mischen. Mozzarella in dünne Scheiben schneiden.

3 5–6 EL passierte Tomaten in einer gefetteten Auflaufform verteilen. 2 Lasagneblätter darauflegen. Übrige passierte Tomaten, Spinat, Crème-fraîche-Mix und übrige 4 Lasagneblätter daraufschichten. Mit Crème-fraîche-Mix abschließen. Tomatenwürfel am Rand verteilen, würzen. Lasagne dicht an dicht mit Mozzarella belegen. Im Ofen (Mitte) ca. 30 Min. backen. Mit übrigem Basilikum garnieren.

Für 2 Personen • 20 Min. Zubereitung • 30 Min. Backen • Pro Portion ca. 635 kcal, 20 g E, 29 g F, 69 g KH

OFENTOMATEN-PASTA

SCHMECKT NACH URLAUB IN ITALIEN

450 g Flaschentomaten
350 g Kirschtomaten
3 Knoblauchzehen
3 EL Olivenöl
2 EL Tomatenmark
2 TL getrocknete italienische Kräuter
1 TL Rohrzucker
Salz, Pfeffer
400 g frische Eier-Tagliatelle (Kühlregal)
4 Stängel Basilikum
2 EL geröstete Pinienkerne
40 g geriebener Pecorino

AUSSERDEM
Fettpfanne
Fett für die Fettpfanne

1 Den Backofen auf 180° vorheizen. Flaschentomaten waschen, trocken tupfen und ohne Stielansatz würfeln. Kirschtomaten waschen, trocken tupfen und je nach Größe längs halbieren oder vierteln. Alle Tomaten in eine Schüssel füllen.

2 Knoblauch schälen und durch eine Knoblauchpresse direkt in die Tomaten drücken. Öl, Tomatenmark, getrocknete Kräuter, Zucker und ca. 100 ml Wasser mit den Tomaten verrühren. Tomaten-Mix in einer gefetteten Fettpfanne des Backofens verteilen und im Ofen (Mitte) 25–30 Min. backen.

3 Nach etwa der Hälfte der Backzeit den Tomaten-Mix kurz aus dem Ofen nehmen. Mit Salz und Pfeffer würzen. Die Nudeln kürzer schneiden, unterrühren und die Fettpfanne wieder in den Ofen schieben. Alles zu Ende backen. Zwischendurch noch einmal durchrühren.

4 Das Basilikum waschen, trocken schütteln und die Blätter abzupfen. Die Hälfte der Basilikumblätter unter die Pasta rühren. Mit Salz und Pfeffer abschmecken. Die Pasta auf Teller verteilen und mit Pinienkernen, Pecorino und den übrigen Basilikumblättern bestreuen.

TAUSCH-TIPP

Hier können verschiedene Bandnudeln verwendet werden. Auch die sehr breiten Pappardelle oder die feineren Fettuccine. Hauptsache, die Pasta ist frisch aus dem Kühlregal und nicht getrocknet.

Für 2 Personen • 20 Min. Zubereitung • 20 Min. Backen • Pro Portion ca. 255 kcal, 8 g E, 2 g F, 49 g KH

GRATINIERTE PFIRSICHE

FEINES FÜR GÄSTE

2 reife Bio-Pfirsiche (à ca. 150 g)
2 TL Zitronensaft
150 g Himbeeren
55 g Zucker
60 ml Apfelsaft
1 Eiweiß
2 EL gemahlene Mandeln
runde Auflaufform (ca. 22 cm ∅)

1 Den Backofen auf 180° vorheizen. Pfirsiche waschen, trocken tupfen, halbieren und entsteinen. Die runde Seite der Pfirsichhälften evtl. leicht gerade schneiden, damit sie besser stehen. Die Hälften mit den Schnittflächen nach oben in eine runde Auflaufform setzen und die Schnittflächen mit Zitronensaft bestreichen.

2 Die Himbeeren verlesen, waschen und abtropfen lassen. Himbeeren mit 15 g Zucker und dem Apfelsaft vermischen und mit einer Gabel fein zerdrücken. Himbeermischung in der Auflaufform verteilen. Eiweiß steif schlagen, dabei den übrigen Zucker (40 g) einrieseln lassen. 1 EL gemahlene Mandeln unter den Eischnee rühren.

3 Eischnee in einen Gefrierbeutel füllen. Eine Beutelecke abschneiden und den Eischnee flach auf die Pfirsiche spritzen. Die Pfirsichhälften im Ofen (Mitte) ca. 20 Min. backen. Mit den übrigen gemahlenen Mandeln (1 EL) bestreuen und mit der Himbeersauce servieren.

Für 2 Personen • 20 Min. Zubereitung • 25 Min. Backen • Pro Portion ca. 490 kcal, 18 g E, 17 g F, 65 g KH

KIRSCH-CLAFOUTIS

FÜR KINDER

2 Eier (M)
50 ml Milch
1 Päckchen Bourbon-Vanillezucker
40 g Mehl (Type 550)
200 g TK Sauerkirschen, aufgetaut
Salz
30 g Zucker
2 EL gehäutete gemahlene Mandeln
1 TL Puderzucker
2 Kugeln Vanilleeis
2 runde Tarte- oder Auflaufformen (ca. 15 cm ∅)
Fett für die Formen

1 Den Backofen auf 180° vorheizen. Die Eier trennen. Die Eigelbe mit der Milch, dem Vanillezucker und dem Mehl mit einem Schneebesen glatt verrühren. Die Mehlmischung zugedeckt kurz ausquellen lassen. Die Kirschen abtropfen lassen.

2 Die Eiweiße und 1 Prise Salz mit den Rührbesen des Handrührgeräts steif schlagen. Den Zucker dabei einrieseln lassen. Den Eischnee mit einem Schneebesen unter die Mehlmischung heben. Die Kirschen in den gemahlenen Mandeln wenden.

3 Ca. zwei Drittel des Teigs in den gefetteten Tarte- oder Auflaufformen verteilen. Mit den Kirschen belegen und den restlichen Teig darauf verteilen. Den Clafoutis im Ofen (Mitte) 20–25 Min. backen. Herausnehmen und mit Puderzucker bestäuben. Jeweils 1 Kugel Vanilleeis dazu servieren.

APPETIT AUF HERBSTLICHES

Für 2 Personen • 20 Min. Zubereitung • 25 Min. Backen • Pro Portion ca. 590 kcal, 13 g E, 38 g F, 48 g KH

CORNRIBS MIT DIP

KNUSPRIG

2 Knoblauchzehen
7 EL Olivenöl
1 TL geräuchertes Paprikapulver
1 TL mildes Currypulver
Salz, Pfeffer
2 vorgekochte Zuckermaiskolben (vakuumverpackt, ca. 400 g)
400 g festkochende Kartoffeln
200 g vegane Joghurtalternative aus Soja
½ TL abgeriebene Bio-Zitronenschale
3 Stängel Minze
Backblech

1 Den Backofen auf 180° vorheizen. Den Knoblauch schälen und durch eine Knoblauchpresse drücken. Die Hälfte des Knoblauchs, 5 EL Öl, Paprikapulver, Currypulver, Salz und Pfeffer zu einer Marinade verrühren.

2 Die Maiskolben der Länge nach vierteln und mit der Marinade bestreichen. Auf der Hälfte eines mit Backpapier belegten Backblechs verteilen. Die Kartoffeln schälen, waschen und in Spalten schneiden. Mit dem übrigen Öl (2 EL) vermischen und auf die andere Blechhälfte legen. Beides im Ofen (Mitte) 20–25 Min backen.

3 Joghurtalternative mit übrigem Knoblauch und Zitronenschale verrühren. Minze waschen, trocken schütteln, Blätter abzupfen und in Streifen schneiden. Drei Viertel der Minze unter die Joghurtalternative rühren, salzen und pfeffern. Die Cornribs mit Dip und gesalzenen Kartoffeln servieren, mit der übrigen Minze bestreuen.

Für 2 Personen • 20 Min. Zubereitung • 30 Min. Backen • Pro Portion ca. 480 kcal, 20 g E, 29 g F, 35 g KH

ZUCCHINI-KARTOFFEL-FRITTERS

EINFACH

1 rote Zwiebel (ca. 50 g)
1 Zucchino (ca. 240 g)
240 g festkochende Kartoffeln
3 EL Mehl (Type 550)
2 EL frisch geriebener Parmesan
1 Ei (M)
Salz, Pfeffer
3 EL Olivenöl
½ Bund Schnittlauch
150 g Kräuterquark
Backblech

1 Den Backofen auf 180° vorheizen. Die Zwiebel schälen und in feine Würfel schneiden. Den Zucchino waschen, putzen, grob raspeln und in einem Sieb etwas ausdrücken. Die Kartoffeln schälen, waschen, trocken tupfen und grob raspeln. Zwiebel, Zucchino, Kartoffeln, Mehl, Parmesan und das Ei in einer Schüssel vermischen. Mit Salz und Pfeffer würzen.

2 Ein Backblech mit Backpapier auslegen und das Papier mit dem Olivenöl bestreichen. Die Zucchinimischung zu ca. zehn Klecksen auf dem Backblech verteilen, dabei etwas glatt streichen. Die Fritters im Ofen (Mitte) 25–30 Min. backen, dabei nach der Hälfte der Backzeit einmal wenden.

3 Den Schnittlauch waschen, trocken schütteln und in Röllchen schneiden. Die Zucchini-Kartoffel-Fritters mit dem Kräuterquark anrichten und mit den Schnittlauchröllchen bestreuen.

Für 2 Personen • 20 Min. Zubereitung • 20 Min. Backen • Pro Portion ca. 515 kcal, 13 g E, 40 g F, 23 g KH

ZIEGENKÄSE IN PAPIERHÜLLE

FÜR GÄSTE

1 Zweig Thymian
3 EL Olivenöl
1 Bio-Apfel (z. B. Braeburn; ca. 230 g)
2 TL Zitronensaft
20 g Walnusskerne
1 rote Zwiebel (ca. 70 g)
8 Ziegenfrischkäsetaler (à ca. 20 g)
Salz, Pfeffer
2 TL flüssiger Honig
4 TL Wildpreiselbeer-Konfitüre
4 Bögen Backpapier (ca. 38 × 42 cm)
Küchengarn
Backblech

1 Backofen auf 180° vorheizen. Den Thymian waschen, trocken tupfen, die Blättchen abzupfen, mit dem Öl mischen und leicht zerdrücken. Den Apfel waschen, abtrocknen und das Kerngehäuse ausstechen. Apfel in ca. 4 Scheiben (ca. 1 cm dick) schneiden, diese mit Zitronensaft bestreichen. Die Nüsse grob hacken, die Zwiebel schälen, vierteln und in dünne Streifen schneiden.

2 Apfelscheiben mit Küchenpapier abtupfen. Für jedes Päckchen 2 Bögen Backpapier aufeinanderlegen. Je die Hälfte der Apfelscheiben, Zwiebelstreifen und Ziegenkäsetaler mittig darauf verteilen, salzen und pfeffern. Mit je 1 TL Honig und 1 ½ EL Thymianöl beträufeln und mit je der Hälfte der Nüsse bestreuen.

3 Das Backpapier über der Füllung verschließen und mit Küchengarn zubinden. Die Päckchen auf einem Blech im Ofen (Mitte) 15–20 Min. backen. Jede Portion mit 2 TL Konfitüre anrichten.

Für 2 Personen • 20 Min. Zubereitung • 30 Min. Backen • Pro Portion ca. 540 kcal, 14 g E, 20 g F, 74 g KH

LETSCHO-REIS

AUS UNGARN

3 Paprika (rot und gelb; à ca. 180 g)
3 Zwiebeln (ca. 210 g)
2 Knoblauchzehen
3 EL Olivenöl
1 Apfel (ca. 140 g)
400 ml passierte Tomaten (aus dem Glas)
1 EL edelsüßes Paprikapulver
1 TL Rohrohrzucker
1 EL Weißweinessig
Salz, Pfeffer
1 Pck. 2-Minuten-Express-Basmatireis (250 g)
Auflaufform (ca. 20 × 30 cm)

1 Den Backofen auf 180° vorheizen. Paprika halbieren, Trennwände und Kerne entfernen, die Hälften waschen und in dünne Streifen schneiden. Zwiebeln schälen, halbieren und in feine Streifen schneiden. Knoblauch schälen und durch eine Knoblauchpresse drücken.

2 Einige Paprika- und Zwiebelstreifen zum Garnieren beiseitelegen. Restliche Paprika- und Zwiebelstreifen mit dem Knoblauch und dem Öl gut vermischen. Alles in einer Auflaufform verteilen und im Ofen (Mitte) ca. 30 Min. backen.

3 Apfel schälen, vierteln, entkernen und fein reiben. Apfelmus mit passierten Tomaten, Paprikapulver, Zucker und Essig verrühren, salzen und pfeffern. Den Reis im Beutel etwas durchkneten und mit dem Tomaten-Apfel-Mix mischen. Nach 10–15 Min. Backzeit die Paprikamischung herausnehmen, die Reismischung unterrühren und das Letscho fertig backen. Mit den Gemüsestreifen garnieren.

Für 2 Personen • 20 Min. Zubereitung • 30 Min. Backen • Pro Portion ca. 720 kcal, 26 g E, 37 g F, 64 g KH

SHEPHERD'S PIE MIT LINSEN

AUS ENGLAND

1 Dose braune Linsen (265 g Abtropfgewicht)
80 g Lauch
1 Knoblauchzehe
1 Möhre (ca. 90 g)
80 g braune Champignons
40 g junge TK-Erbsen, aufgetaut
2 EL Tomatenmark
3 EL Olivenöl
Salz, Pfeffer
440 g gegarte festkochende Pellkartoffeln
2 Eigelb (M)
50 g Sahne
50 g geriebener Cheddar

AUSSERDEM

runde Auflaufform (ca. 24 cm Ø)

GUT ZU WISSEN

Die schonend vorgegarten braunen Linsen gibt es pur in Dosen verpackt. Sie sollten nur noch Wasser und Salz enthalten und kein Gemüse oder andere Zutaten.

1 Den Backofen auf 180° vorheizen und eine runde Auflaufform gleich hineinstellen. Die Linsen in ein Sieb abgießen, abbrausen und abtropfen lassen. Den Lauch putzen, waschen und in feine Streifen schneiden. Den Knoblauch schälen und durch eine Knoblauchpresse drücken. Die Möhre schälen, waschen und grob raspeln. Die Pilze putzen, in Scheiben schneiden und grob hacken.

2 Die Linsen mit Lauch, Knoblauch, Möhre, Pilzen und Erbsen in einer Schüssel vermischen. Das Tomatenmark und 2 EL Öl unterrühren. Mit Salz und Pfeffer würzen. Die Hälfte der Linsenmischung direkt in der Schüssel mit dem Pürierstab grob pürieren und anschließend mit der anderen, nicht pürierten Hälfte verrühren. Die heiße Auflaufform vorsichtig aus dem Ofen nehmen und das übrige Öl (1 EL) darin verteilen. Die Linsenmischung dazugeben und gleichmäßig andrücken. Das Ganze im Ofen (Mitte) ca. 30 Min. backen.

3 Die gegarten Kartoffeln pellen und durch eine Kartoffelpresse drücken. Mit den Eigelben, der Sahne und ca. 3 EL Wasser verrühren. Den geriebenen Cheddar mit einer Gabel unterkneten. Die Masse mit Salz und Pfeffer würzen. Nach 10–15 Min. Backzeit die Form aus dem Ofen nehmen und die Kartoffelmasse vorsichtig auf der Linsenmischung verteilen. Das Shepherd's Pie zu Ende backen.

Für 2 Personen • 20 Min. Zubereitung • 25 Min. Backen • Pro Portion ca. 735 kcal, 25 g E, 35 g F, 82 g KH

AUBERGINEN-PILZ-GYROS

HERZHAFT

1 Aubergine (ca. 250 g)
100 g Austernpilze
1 rote Zwiebel (ca. 60 g)
3 Knoblauchzehen
2 TL getrockneter Oregano
4 EL Olivenöl
100 g Bio-Salatgurke
1 Tomate (ca. 100 g)
70 g Schafskäse (z. B. Feta)
½ Fladenbrot (ca. 250 g)
150 g griechischer Joghurt
Salz, Pfeffer
2 EL mildes Ajvar (Paprika-Auberginen-Paste; im Glas)
Auflaufform (20 × 30 cm)

1 Den Backofen auf 180° vorheizen. Aubergine waschen, putzen und in Scheiben schneiden, diese in Streifen (1 cm dick) schneiden. Pilze putzen und in Streifen schneiden. Zwiebel schälen, halbieren und in feine Spalten schneiden, Knoblauch schälen und durchpressen. Die Hälfte des Knoblauchs, Aubergine, Pilze, Zwiebel, Oregano, Öl und 4–5 EL Wasser mischen, in einer Auflaufform verteilen und flach drücken. Im Ofen (Mitte) ca. 25 Min. backen.

2 Gurke waschen, putzen, längs vierteln, entkernen und klein schneiden. Tomate waschen, vierteln, entkernen und würfeln. Schafskäse würfeln und mit Gurke und Tomate mischen. Das Fladenbrot nach ca. 15 Min. Backzeit in den Ofen geben und aufbacken. Dabei das Gemüse kurz durchrühren. Joghurt mit übrigem Knoblauch, Salz und Pfeffer verrühren. Das Gyros würzen. Brot herausnehmen und halbieren, sodass man zwei Viertel erhält. Eine Tasche in die Brote schneiden und mit Gyros, Tomaten-Mix, Joghurt und Ajvar füllen.

Für 2 Personen • 20 Min. Zubereitung • 25 Min. Backen • Pro Portion ca. 825 kcal, 18 g E, 34 g F, 110 g KH

GEMÜSE-FAJITAS

AUS DER TEXMEX-KÜCHE

1 Süßkartoffel (ca. 200 g)
1 gelbe Paprika
150 g Tomaten
1 rote Zwiebel (ca. 100 g)
1 Knoblauchzehe
2 EL Olivenöl
Salz
Cayennepfeffer
1 Avocado (ca. 180 g)
2 TL Zitronensaft
125 g Kidneybohnen (aus der Dose), abgetropft
4 vegane Tortillas (Weizenfladen; ca. 20 cm ∅)
8 EL vegane Salsasauce
Auflaufform (ca. 20 × 30 cm)

1 Den Backofen auf 180° vorheizen. Die Süßkartoffel waschen, dünn schälen und in Stücke (ca. 1,5 cm) schneiden. Die Paprika halbieren, Trennwände und Kerne entfernen, die Hälften waschen und in Stücke schneiden. Die Tomaten waschen und ohne Stielansätze würfeln. Die Zwiebel schälen und grob würfeln.

2 Knoblauch schälen, mit einer Knoblauchpresse direkt ins Öl pressen. Salz und Cayennepfeffer unterrühren. Das Würzöl mit Kartoffel, Paprika und der Hälfte der Zwiebelwürfel verrühren. Die Mischung in einer Auflaufform verteilen und im Ofen (Mitte) 20–25 Min. backen.

3 Avocado längs halbieren, entkernen, schälen und würfeln. Mit Zitronensaft, übriger Zwiebel, Salz und Cayennepfeffer mischen. Nach ca. 15 Min. Backzeit Tomaten und Kidneybohnen unter die Gemüsemischung rühren, fertig backen. Tortillas im Ofen erhitzen und mit Gemüse-Mix, Avocado und je 2 EL Salsasauce belegt aufrollen.

Für 4 Personen • 20 Min. Zubereitung • 25 Min. Backen • Pro Portion ca. 475 kcal, 16 g E, 28 g F, 40 g KH

LAUCHSTRUDEL MIT KÄSE

FÜR GÄSTE

470 g Lauch
Salz
150 g gegarte festkochende Pellkartoffeln
100 g geriebener Emmentaler
40 g Semmelbrösel
2 EL geröstete Kürbiskerne
1 EL gehackte Petersilie
Pfeffer
frisch geriebene Muskatnuss
1 Packung frischer Dinkel-Blätterteig (ca. 270 g; ca. 24 × 40 cm; Kühlregal)
Backblech

1 Den Backofen auf 200° vorheizen. Den Lauch putzen, waschen und in Streifen schneiden. Salzwasser in einem Topf aufkochen. Den Lauch darin 1–2 Min. blanchieren, in ein Sieb abgießen, kalt abschrecken und sehr gut abtropfen lassen.

2 Die gegarten Kartoffeln pellen und klein würfeln. Lauch, Kartoffeln, Käse, Semmelbrösel, Kürbiskerne und Petersilie mischen. Mit Salz, Pfeffer und Muskat würzen. Den Blätterteig auf ein mit Backpapier ausgelegtes Backblech legen.

3 Die Lauchmischung auf der unteren Längsseite verteilen, dabei rechts und links einen Rand frei lassen. Die rechte und linke Seite je 5 cm über die Füllung nach innen schlagen und den Teig von unten her aufrollen. Den Strudel mit der Naht nach unten auf das Backpapier legen und im Ofen (Mitte) ca. 25 Min. backen. Herausnehmen und vor dem Anschneiden kurz ruhen lassen. Dazu passt Rucolasalat.

Für 12 Stück • 15 Min. Zubereitung • 15 Min. Backen • Pro Stück ca. 220 kcal, 3 g E, 13 g F, 23 g KH

SCHOKO-COOKIES

MACHEN SÜCHTIG

50 g Walnusskerne
160 g Mehl (Type 550)
20 g Kakaopulver
½ TL Backpulver
½ TL Salz
75 g Zucker
50 g Rohrzucker
1 Pck. Bio-Bourbon-Vanillezucker
125 g weiche vegane Margarine
50 g vegane Zartbitter-Schokotröpfchen (backfest)
Backblech

1 Den Backofen auf 180° vorheizen. Die Walnusskerne grob hacken. Das Mehl mit Kakao, Backpulver, Salz und dem gesamten Zucker in einer Rührschüssel gut durchmischen.

2 Die weiche Margarine zur Mehlmischung geben. Alle Zutaten mit den Knethaken des Handrührgeräts oder mit den Händen kurz zu einem glatten Teig verkneten. Schokotröpfchen und gehackte Walnüsse unterkneten. Den Teig in zwölf Portionen teilen und jede Teigportion mit den Händen zu einer Kugel formen.

3 Die Teigkugeln zu flachen Talern drücken und mit etwas Abstand (der Teig verläuft beim Backen) auf einem mit Backpapier ausgelegten Backblech verteilen. Die Cookies im Ofen (Mitte) 13–15 Min. backen. Das Blech herausnehmen und die Schoko-Cookies auf dem Backblech auskühlen lassen.

WINTERSCHLEMMEREIEN

Für 2 Personen • 15 Min. Zubereitung • 22 Min. Backen • Pro Portion ca. 645 kcal, 25 g E, 29 g F, 72 g KH

KIDNEYBOHNEN-BURGER

FÜR KINDER

1 Dose Kidneybohnen (240 g Abtropfgewicht)
1 Knoblauchzehe
3 EL Tomatenketchup
2 TL mittelscharfer Senf
3 EL Olivenöl
1 TL getrocknete ital. Kräuter
30 g Kichererbsenmehl (geröstet)
Salz, Pfeffer
2 Scheiben Cheddar (à ca. 20 g)
2 große Burger-Buns mit Sesam (Softbrötchen; à ca. 75 g; ∅ ca. 11,5 cm)
1 Tomate (ca. 125 g)
2 Gewürzgurken (à ca. 30 g)
2 EL Salatcreme

AUSSERDEM
Auflaufform

GUT ZU WISSEN
Rohe und getrocknete Kichererbsen enthalten giftiges Phasin, das durch Erhitzen zerstört wird. Im gerösteten Mehl kommt es nicht mehr vor.

1 Den Backofen auf 180° vorheizen. Die Bohnen in ein Sieb abgießen, kurz abbrausen und gut abtropfen lassen. Den Knoblauch schälen und durch eine Knoblauchpresse drücken. Bohnen, Knoblauch, 1 EL Ketchup, Senf und 1 EL Öl in einer Schüssel mit einer Gabel so fein wie möglich zerdrücken. Die getrockneten Kräuter und das Kichererbsenmehl unterrühren. Die Mischung mit Salz und Pfeffer würzen.

2 Die Bohnenmasse zu 2 Pattys formen. In eine mit Backpapier belegte und mit Öl bestrichene Auflaufform legen und mit je 1 EL Öl bestreichen. Die Form auf das Ofengitter stellen und die Pattys im Ofen (Mitte) ca. 15 Min. backen.

3 Die Pattys mit je 1 Scheibe Käse belegen und 5–7 Min. weiterbacken. Die Burger-Buns waagerecht durchschneiden und auf dem Ofengitter kurz mitbacken.

4 Die Tomate waschen, trocken tupfen und ohne den Stielansatz in dünne Scheiben schneiden. Die Gurken trocken tupfen und längs in Scheiben schneiden. Untere Brötchenhälften mit je 1 EL Salatcreme bestreichen und mit je 1 EL Ketchup beträufeln. Mit Tomatenscheiben und je 1 Bohnenpatty belegen. Gurkenscheiben daraufstapeln und obere Brötchenhälften auflegen. Die Burger evtl. mit Holzstäbchen feststecken.

Für 2 Personen • 20 Min. Zubereitung • 25 Min. Backen • Pro Portion ca. 650 kcal, 22 g E, 49 g F, 27 g KH

BLUMENKOHLSPALTEN MIT BOHNENPÜREE

UMWERFEND AROMATISCH

1 Schalotte (ca. 50 g)
2 Knoblauchzehen
1 kleiner Blumenkohl (ca. 900 g)
4 EL Zitronensaft
Salz
1 TL mildes Currypulver
Pfeffer
7 EL Olivenöl
1 Dose weiße Riesenbohnen (240 g Abtropfgewicht)
40 g Tahin (Sesampaste)
30 g Rucola

AUSSERDEM
Backblech

GUT ZU WISSEN
Sesampaste aus geschältem Sesam hat eine besonders feine Konsistenz und ist als »Weißes Tahin« erhältlich. Da sich das Öl im Glas oben absetzt, sollte das Tahin vor der Verarbeitung gut durchgerührt werden.

1 Den Backofen auf 180° vorheizen. Ein Backblech mit Backpapier auslegen. Schalotte und Knoblauch schälen und jeweils längs vierteln. Den Blumenkohl von den Blättern befreien, waschen und putzen. Den Kohl der Länge nach in 8 Spalten schneiden und auf dem Blech verteilen.

2 Schalotte und Knoblauch mit auf das Blech legen. 2 EL Zitronensaft und etwas Salz verrühren. Currypulver, Pfeffer und 4 EL Öl unterrühren. Blumenkohlspalten, Schalotte und Knoblauch rundherum mit der Würzmischung bestreichen. Alles im Ofen (Mitte) 20–25 Min. backen. Nach der Hälfte der Backzeit die Blumenkohlspalten einmal wenden. Schalotte und Knoblauch dabei vom Blech nehmen und kurz abkühlen lassen.

3 Die Riesenbohnen in ein Sieb abgießen, kalt abbrausen und abtropfen lassen. Bohnen, Sesampaste, Schalotte, Knoblauch, übriges Öl (3 EL), übrigen Zitronensaft (2 EL) und 3–5 EL Wasser mit dem Pürierstab fein pürieren. Evtl. mehr Wasser zugeben, damit das Püree cremiger wird. Salzen und pfeffern. Den Rucola verlesen, von groben Stielen befreien, waschen, trocken schütteln und grob schneiden. Alles anrichten. Dazu passt Ciabatta.

Für 2 Personen • 20 Min. Zubereitung • 25 Min. Backen • Pro Portion ca. 485 kcal, 24 g E, 28 g F, 34 g KH

BAUERNFRÜHSTÜCK

SO EINFACH, SO GUT

400 g gegarte festkochende Pellkartoffeln
2 EL Öl
2 Frühlingszwiebeln
½ Bund Schnittlauch
40 g Scamorza (ital. Räucherkäse)
4 Eier (M)
3 EL Milch
Salz, Pfeffer
frisch geriebene Muskatnuss
4 Cornichons
2 runde Tarte- oder Auflaufformen (∅ ca. 16 cm)

1 Den Backofen auf 180° vorheizen. 2 runde Tarte- oder Auflaufformen mit in den Ofen stellen. Die Kartoffeln vom Vortag pellen, längs halbieren und in Scheiben (ca. 5 mm dünn) schneiden. Die Kartoffelscheiben in einer Schüssel mit dem Öl vermischen.

2 Frühlingszwiebeln waschen, putzen und in Ringe schneiden. Schnittlauch waschen, trocken schütteln und in Röllchen schneiden. Käse reiben oder in feine Streifen schneiden. Kartoffeln in den Formen verteilen und im Ofen (Mitte) ca. 10 Min. backen.

3 Eier und Milch verquirlen. Mit Salz, Pfeffer und Muskat würzen. Die Hälfte des Käses unterrühren. Die Auflaufformen aus dem Ofen nehmen und die Frühlingszwiebeln mit den Kartoffeln vermischen. Die verquirlten Eier und den restlichen Käse darauf verteilen. Alles ca. 15 Min. weiterbacken. Mit Schnittlauchröllchen bestreuen. Die Cornichons in Fächer schneiden und darauflegen.

Für 2 Personen • 15 Min. Zubereitung • 17 Min. Backen • Pro Portion ca. 630 kcal, 30 g E, 38 g F, 41 g KH

GEBACKENES RACLETTE

AUS DER SCHWEIZ

500 g gegarte festkochende Pellkartoffeln
1 rote Spitzpaprika (ca. 80 g)
1 Schalotte (ca. 40 g)
50 g TK-Erbsen, angetaut
2 EL Rapsöl
Salz, Pfeffer
200 g Raclettekase in Scheiben
Auflaufform (ca. 20 × 30 cm)
Fett für die Form

1 Den Backofen auf 180° vorheizen. Die Pellkartoffeln nach Belieben pellen und in dickere Scheiben schneiden. Die Kartoffelscheiben in einer gefetteten Auflaufform verteilen.

2 Die Spitzpaprika halbieren, Trennwände und Kerne entfernen, die Hälften waschen und in sehr dünne Ringe schneiden oder hobeln. Die Schalotte schälen und in sehr dunne Ringe schneiden oder hobeln. Die Erbsen mit Rapsöl, Paprika- und Schalottenringen vermischen.

3 Paprika-Erbsen-Mischung gleichmäßig auf den Kartoffeln verteilen. Das Raclette im Ofen (Mitte, Umluft 160°) ca. 10 Min. vorbacken. Die Form herausnehmen. Das Raclette mit Salz und Pfeffer würzen. Mit dem Raclettekäse belegen und 5–7 Min. weiterbacken, bis der Käse goldbraun geschmolzen ist.

GU CLOU

Der Pfannkuchen und die Gemüsefüllung backen fast zeitgleich im Ofen. Der rechteckige Pfannkuchen gelingt rundherum wunderbar und muss nicht umständlich gewendet werden.

Für 2 Personen • 20 Min. Zubereitung • 18 Min. Backen • Pro Portion ca. 500 kcal, 17 g E, 25 g F, 49 g KH

ASIA-PFANNKUCHEN

AUSSEN FLUFFIG, INNEN WÜRZIG

FÜR DEN TEIG
70 g Mehl (Type 550)
120 ml Milch
Salz
2 Eier (M)

FÜR DIE FÜLLUNG
1 Stück Ingwer (10 g)
1 Knoblauchzehe
3 EL Öl
2 Frühlingszwiebeln
1 Möhre (ca. 150 g)
300 g Chinakohl
4 Stängel Koriandergrün
6 EL süßscharfe Asiasauce
ca. 2 EL Sojasauce

AUSSERDEM
Auflaufform (ca. 21 × 29 cm)
Öl für die Form

1 Den Backofen auf 180° vorheizen. Für den Teig Mehl, Milch und ca. ½ TL Salz glatt verrühren. Die Eier unterrühren.

2 Für die Füllung Ingwer und Knoblauch schälen. Beides sehr fein würfeln und mit dem Öl verrühren. Die Frühlingszwiebeln waschen, putzen und in Ringe schneiden. Die Möhre schälen, waschen und in feine Streifen schneiden. Den Chinakohl waschen, gut abtropfen lassen, putzen und in Streifen schneiden. Das Würzöl mit Frühlingszwiebeln, Möhre und Chinakohl vermischen.

3 Den Teig gleichmäßig in einer mit Backpapier ausgelegten und mit 1 EL Öl bestrichenen Auflaufform verteilen und auf ein mit Backpapier belegtes Backblech stellen. Den Teig im Ofen (Mitte) 15–18 Min. backen. Das Blech aus dem Ofen nehmen, den Chinakohl-Mix neben der Form auf dem Blech verteilen und 9–10 Min. mitbacken.

4 Koriandergrün waschen, trocken schütteln und die Blätter abzupfen. Den Pfannkuchen quer halbieren und jede Hälfte mit Chinakohl-Mix, süßscharfer Sauce, Sojasauce und insgesamt der Hälfte der Korianderblätter füllen. Die Pfannkuchen zusammenklappen und mit dem übrigen Koriander garnieren.

Für 2 Personen • 20 Min. Zubereitung • 30 Min. Backen • Pro Portion ca. 660 kcal, 27 g E, 26 g F, 76 g KH

ROTKOHL MIT MAULTASCHEN

BALLASTSTOFFREICH

500 g Rotkohl
1 Zwiebel (ca. 85 g)
3 EL Olivenöl
1 TL mildes Currypulver
2 EL Apfelessig
Salz, Pfeffer
120 g Apfelmus (Glas)
4 vegetarische Spinat-Maultaschen (Kühlregal; ca. 400 g)
40 g geriebener Gouda
½ Kästchen Kresse
100 g Vollmilchjoghurt
Auflaufform (ca. 20 × 30 cm)
Fett für die Form

1 Den Backofen auf 180° vorheizen. Den Rotkohl putzen, waschen und den Strunk entfernen. Rotkohl in breite Spalten schneiden und diese in dünne Streifen hobeln. Die Zwiebel schälen, vierteln und in Streifen schneiden. 2 EL Öl und das Currypulver verrühren.

2 Curry-Öl, Essig, ca. 1 TL Salz und Pfeffer kräftig mit Rotkohl verkneten. Rotkohl in einer gefetteten Auflaufform verteilen. Apfelmus unterrühren. Kohl flach andrücken. Direkt mit einem passenden Stück Backpapier zudecken. Im Ofen (Mitte) ca. 15 Min. backen.

3 Die Maultaschen in je 4 Scheiben schneiden. Den Kohl aus dem Ofen nehmen, das Backpapier entfernen. Den Kohl durchrühren und würzen. Die Maultaschen darauf verteilen, leicht eindrücken und mit dem übrigen Öl (1 EL) beträufeln. Käse aufstreuen. Alles ca. 15 Min. fertig backen. Die Kresse abschneiden. Den Joghurt salzen. Rotkohl, Maultaschen, Joghurt und Kresse anrichten.

Für 1 Tarteform (28 cm ∅, 8 Stücke) • 20 Min. Zubereitung • 30 Min. Backen •
Pro Stück ca. 365 kcal, 14 g E, 25 g F, 19 g KH

GRÜNKOHLTARTE MIT RÄUCHERTOFU

FÜR GÄSTE

1 Packung Tarteteig (300 g; ca. 32 cm ∅; Kühlregal)
1 rote Zwiebel (ca. 80 g)
80 g Räuchertofu
40 g Rauchmandeln (geröstet und gesalzen)
3 Eier (M)
150 g Doppelrahm-Frischkäse mit Kräutern
ca. 2 TL mittelscharfer Senf
Salz, Pfeffer
300 g TK-Grünkohl (gehackt), aufgetaut und abgetropft
100 g geriebener Bergkäse
1 Tarteform (28 cm ∅)
Fett für die Form

1 Den Backofen auf 180° vorheizen. Den Teig aus dem Kühlschrank nehmen. Die Zwiebel schälen und in dünne Spalten schneiden. Den Tofu würfeln (ca. 1 cm breit). Die Hälfte der Mandeln grob hacken.

2 Eier, Frischkäse und Senf zu einem Guss verrühren. Mit Salz und Pfeffer würzen. Den Guss mit Grünkohl, geriebenem Bergkäse, Tofu und gehackten Rauchmandeln vermischen. Den Teig aus der Packung nehmen und in eine gefettete Tarteform (mind. 28 cm ∅) legen. Den Teigrand am Formrand andrücken, den Teigboden mehrmals mit einer Gabel einstechen.

3 Die Grünkohlmischung auf dem Teig verteilen und glatt verstreichen. Mit den übrigen ganzen Rauchmandeln belegen. Die Tarte im Ofen (Mitte) ca. 30 Min. backen. Herausnehmen und vor dem Anschneiden kurz ruhen lassen.

Für 6 Stück • 20 Min. Zubereitung • 20 Min. Backen • Pro Stück ca. 360 kcal, 6 g E, 11 g F, 27 g KH

RÜBLI-CUPCAKES

UNBEDINGT PROBIEREN

1 kleine Möhre (ca. 80 g)
60 g weiche vegane Margarine
50 g Puderzucker
60 g Apfelmus (Glas)
110 g Mehl (Type 550)
2 TL Backpulver
Salz
40 g gemahlene Mandeln mit Haut
40 ml Haferdrink
200 g vegane Schlagcreme zum Aufschlagen
1 Pck. Vanillezucker
6er-Muffinform
Fett für die Form
1 Einweg-Spritzbeutel

1 Den Backofen auf 180° vorheizen. Die Möhre schälen, waschen, trocken tupfen und fein reiben. Ca. 40 g Möhrenraspel abwiegen. Margarine und Puderzucker cremig verrühren, das Apfelmus unterrühren.

2 Mehl, Backpulver und 1 Prise Salz mit einem Schneebesen vermischen. Die Mehlmischung abwechselnd mit den gemahlenen Mandeln und dem Haferdrink unter die Margarinemischung rühren. Die abgewogenen Möhrenraspel sofort untermischen und den Teig gleichmäßig auf sechs gefettete Mulden einer Muffinform verteilen. Die Küchlein im Ofen (Mitte) ca. 20 Min. backen. Herausnehmen und auskühlen lassen.

3 Die vegane Schlagcreme mit dem Vanillezucker steif schlagen. Das Topping in einen Einweg-Spritzbeutel mit Loch- oder Sterntülle füllen und dekorativ auf die Cupcakes spritzen.

Für 6 Stück • 10 Min. Zubereitung • 25 Min. Backen • Pro Stück ca. 280 kcal, 5 g E, 16 g F, 30 g KH

ZIMTKNOTEN MIT PFLAUMENMUS

DIE LIEBEN KINDER

1 Dose Croissants (ca. 240 g; 6 Stück; Kühlregal)
Mehl zum Arbeiten
1 TL Zimtpulver
2 TL Rohrzucker
90 g Pflaumenmus
50 g gehackte Walnüsse
1 TL Puderzucker
Fett für die Form
6er-Muffinform

1 Den Backofen auf 180° vorheizen. Die Croissant-Dose nach der Packungsanweisung öffnen. Den Croissant-Teig in 3 Rechtecke teilen und die Rechtecke auf wenig Mehl leicht ausrollen (ca. 18 × 20 cm). Den Zimt mit dem Rohrzucker vermischen, das Pflaumenmus unterrühren. Ein Rechteck mit 45 g Pflaumenmus-Mix bestreichen und mit 25 g gehackten Walnüssen bestreuen.

2 Ein Teigrechteck darauflegen, etwas andrücken. Mit übrigem Pflaumenmus (45 g) bestreichen, mit übrigen gehackten Walnüssen (25 g) bestreuen. Das dritte Teigrechteck auflegen, leicht andrücken.

3 Das gefüllte Teigrechteck längs mit einem Sägemesser in 6 Streifen (je ca. 3 × 20 cm) schneiden. Die Streifen einzeln locker zu gedrehten Knoten formen. Die Teiglinge in 6 gefettete Mulden einer Muffinform verteilen und im Ofen (Mitte, Umluft 160°) 20–25 Min. backen. Auskühlen lassen und mit Puderzucker bestreuen.

REGISTER

Vegane Rezepte, die im Buch mit einem 🌿 gekennzeichnet sind, sind hier grün abgesetzt.

Abkürzungsverzeichnis:
E = Eiweiß
EL = Esslöffel (gestrichen)
F = Fett
kcal = Kilokalorien
KH = Kohlenhydrate
Msp. = Messerspitze
Pck. = Päckchen
TK = Tiefkühl
TL = Teelöffel (gestrichen)
Ø = Durchmesser

GU Qualitäts-Garantie

LIEBE LESERINNEN UND LESER,

wir wollen Ihnen mit diesem Buch Informationen und Anregungen geben, um Ihnen das Leben zu erleichtern oder Sie zu inspirieren, Neues auszuprobieren. Wir achten bei der Erstellung unserer Bücher auf Aktualität und stellen höchste Ansprüche an Inhalt und Gestaltung. Alle Anleitungen und Rezepte werden von unseren Autoren, jeweils Experten auf ihren Gebieten, gewissenhaft erstellt und von unseren Redakteur*innen mit größter Sorgfalt ausgewählt und geprüft.

Haben wir Ihre Erwartungen erfüllt? Sind Sie mit diesem Buch und seinen Inhalten zufrieden? Wir freuen uns auf Ihre Rückmeldung. Und wir freuen uns, wenn Sie diesen Titel weiterempfehlen, in Ihrem Freundeskreis oder bei Ihrem Online-Kauf.

Sollten wir Ihre Erwartungen so gar nicht erfüllt haben, tauschen wir Ihnen Ihr Buch jederzeit gegen ein gleichwertiges zum gleichen oder ähnlichen Thema um.

KONTAKT ZUM LESERSERVICE

GRÄFE UND UNZER VERLAG
Grillparzerstraße 12
81675 München
www.gu.de

IMPRESSUM

GU ist eine eingetragene Marke der GRÄFE UND UNZER VERLAG GmbH, www.gu.de

ISBN 978-3-8338-9455-8
3. Auflage 2025

Projektleitung: Kateryna Kulakova
Lektorat: Katharina Lisson
Korrektorat: Andrea Lazarovici
Gesamtgestaltung: independent Media-Design, München
Umschlaggestaltung: ki36 Editorial Design, Sabine Krohberger, München
Herstellung: Gloria Schlayer
Satz: Eberl & Koesel Studio GmbH
Reproduktion: medienprinzen GmbH
Druck + Bindung: Firmengruppe APPL, aprinta druck, Wemding
Printed in Germany

Bildnachweis:
StockFood Studios/Julia Hoersch: S. 06-59 und Stepfotos auf den Klappen
StockFood Studios/Tina Engel: S. 01, 05 und Stilleben auf den Klappen
StockFood/New Life Media: Cover
privat: S. 04 Autorenfoto

Umwelthinweis:
Nachhaltigkeit ist uns sehr wichtig. Der Rohstoff Papier ist in der Buchproduktion hierfür von entscheidender Bedeutung. Daher ist dieses Buch auf PEFC-zertifiziertem Papier gedruckt. PEFC garantiert, dass ökologische, soziale und ökonomische Aspekte in der Verarbeitungskette unabhängig überwacht werden und lückenlos nachvollziehbar sind.

Bildagentur Image Professionals GmbH, Tumblingerstr. 32, 80337 München www.image-professionals.com

Die GU-Homepage finden Sie unter www.gu.de

Der Autor

Marco Seifried

ist gelernter Koch, Diplom-Oecotrophologe und begeisterter Kochbuchautor. Er war lange für einen großen Hamburger Verlag als Food-Redakteur tätig und arbeitet heute als freier Food-Journalist für renommierte Zeitschriften und Verlage. Für GU hat er schon einige erfolgreiche Kochbücher verfasst.

Die Fotografin

Julia Hoersch

ist eine vielfach ausgezeichnete freie Fotografin. Sie arbeitet für zahlreiche renommierte Verlage, Agenturen und Magazine. Eines ihrer Lieblingsthemen ist Food. www. juliahoersch.de Weitere Bilder kommen von der Fotografin Tina Engel.